Impressum
Verlag: BABADADA GmbH, Nedderfeld 112 , 22529 Hamburg
Geschäftsführer / Verlagsleitung: Harald Hof
Druck: Books on Demand GmbH, In de Tarpen 42, 22848 Norderstedt

Imprint
Publisher: BABADADA GmbH, Nedderfeld 112 , 22529 Hamburg, Germany
Managing Director / Publishing direction: Harald Hof
Print: Books on Demand GmbH, In de Tarpen 42, 22848 Norderstedt, Germany

škola
skola

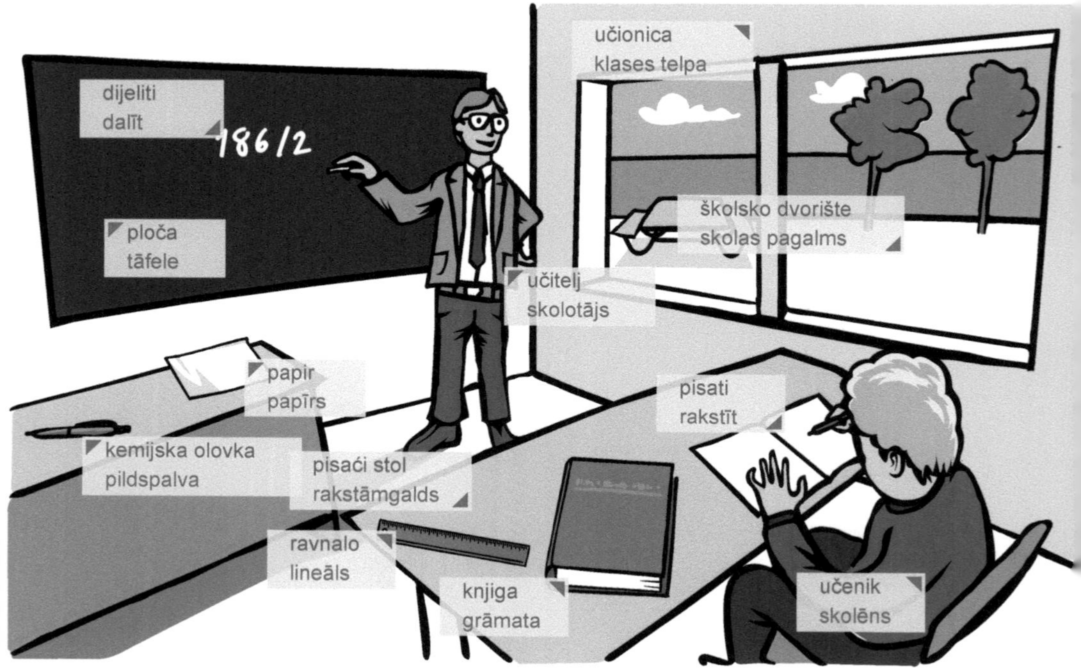
učionica
klases telpa
dijeliti
dalīt
186/2
ploča
tāfele
školsko dvorište
skolas pagalms
učitelj
skolotājs
papir
papīrs
pisati
rakstīt
kemijska olovka
pildspalva
pisaći stol
rakstāmgalds
ravnalo
lineāls
knjiga
grāmata
učenik
skolēns

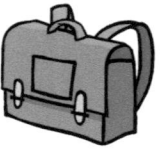

torba
skolas soma

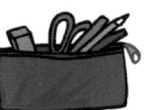

pernica
penālis

grafitna olovka
zīmulis

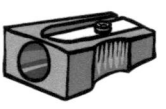

šiljilo za olovke
zīmuļu asināmais

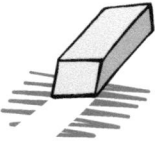

gumica za brisanje
dzēšgumija

blok za crtanje
zīmēšanas bloks

crtež

zīmējums

kist

ota

kutija s bojama

krāsas

makaze

šķēres

ljepilo

līme

bilježnica

darba burtnīca

domaći zadatak

mājas darbs

12

broj

skaitlis

2+2

sabirati

saskaitīt

5-2

oduzimati

atņemt

2×2

množiti

reizināt

računati

rēķināt

A

slovo

burts

ABCDEFG
HIJKLMN
OPQRSTU
VWXYZ

abeceda

alfabēts

riječ

vārds

tekst

teksts

čitati

lasīt

kreda

krīts

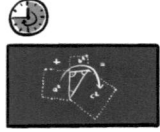

sat

mācību stunda

dnevnik

žurnāls

ispit

eksāmens

svjedodžba

liecība

školska uniforma

skolas forma

obrazovanje

izglītība

leksikon

enciklopēdija

sveučilište

universitāte

mikroskop

mikroskops

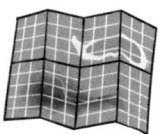

karta

karte

košara za papir

papīrgrozs

hotel
viesnīca

prenoćište
hostelis

ROOMS

mjenjačnica
valūtas maiņas punkts

ECHANGE

kofer
čemodāns

auto
automašīna

jezik

Valoda

da / ne

jā / nē

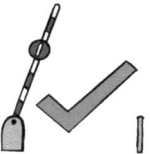

okay

Okay

zdravo

Sveiki!

prevoditelj

tulks

hvala

paldies

Koliko košta...?

Cik maksā...?

ne razumijem

Es nesaprotu

problem

problēma

dobro veče!

Labvakar!

Dobro jutro!

Labrīt!

Laku noć!

Ar labu nakti!

doviđenja

Uz redzēšanos

smjer

virziens

prtljaga

bagāža

torba

soma

ruksak

mugursoma

gost

viesis

soba

istaba

vreća za spavanje

guļammaiss

šator

telts

turističke informacije

tūrisma informācija

plaža

pludmale

kreditna kartica

kredītkarte

doručak

brokastis

ručak

pusdienas

večera

vakariņas

karta za vožnju

biļete

dizalo

lifts

poštanska markica

pastmarka

granica

robeža

carina

muita

ambasada

vēstniecība

viza

vīza

putovnica

pase

putovanje - ceļojums

transport
transports

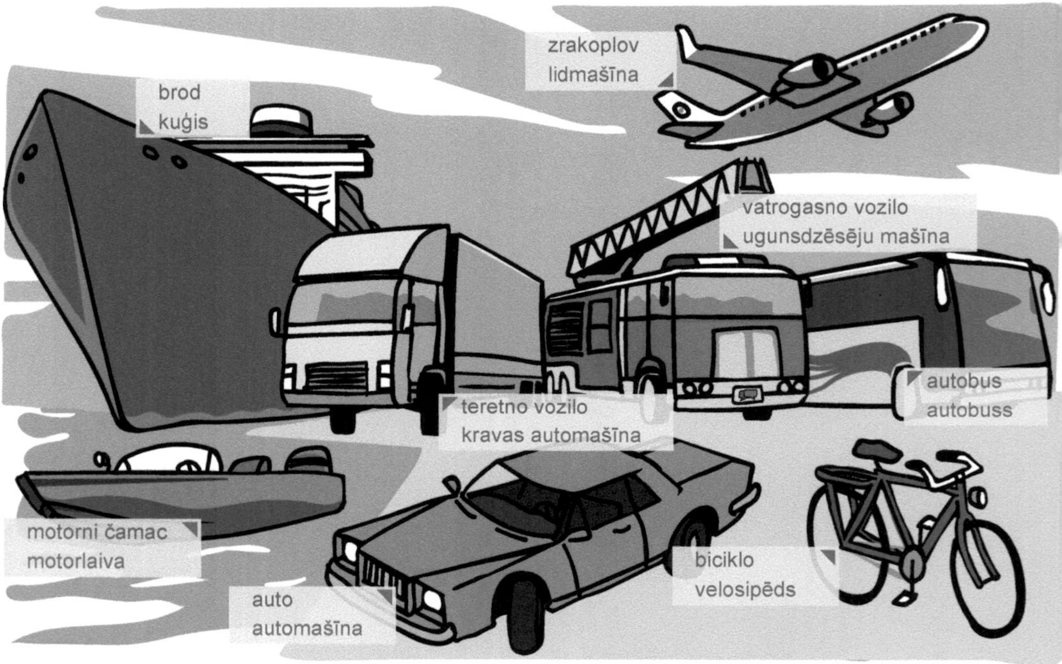
zrakoplov
lidmašīna
brod
kuģis
vatrogasno vozilo
ugunsdzēsēju mašīna
autobus
autobuss
teretno vozilo
kravas automašīna
motorni čamac
motorlaiva
biciklo
velosipēds
auto
automašīna

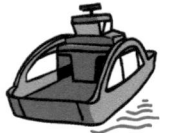

trajekt

prāmis

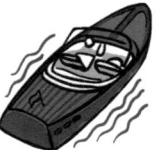

čamac

laiva

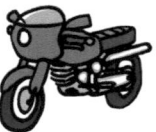

motocikl

motocikls

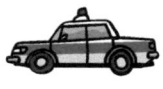

policijski auto

policijas automašīna

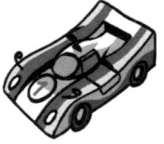

trkaći auto

sacīkšu automobilis

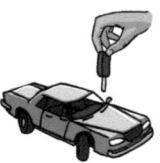

iznajmljeno auto

nomas auto

dijeljenje automobila

auto koplietošana

vučno vozilo

evakuators

vozilo za odvoz smeća

atkritumu mašīna

motor

dzinējs

benzin

benzīns

benzinska postaja

degvielas uzpildes stacija

prometni znak

ceļa zīme

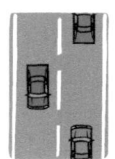

promet

satiksme

zastoj

sastrēgums

parkiralište

stāvvieta

kolodvor

dzelzceļa stacija

šine

sliedes

vlak

vilciens

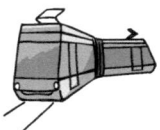

tramvaj

tramvajs

vagon

vagons

helikopter
helikopters

zrakoplovna luka
lidosta

toranj
tornis

putnik
pasažieris

kontejner
konteiners

karton
kaste

kolica
ratiņi

košara
grozs

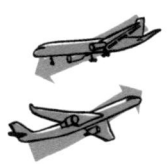

uzletjeti / sletjeti
pacelties / nosēsties

grad
pilsēta

selo
ciems

centar grada
pilsētas centrs

kuća
māja

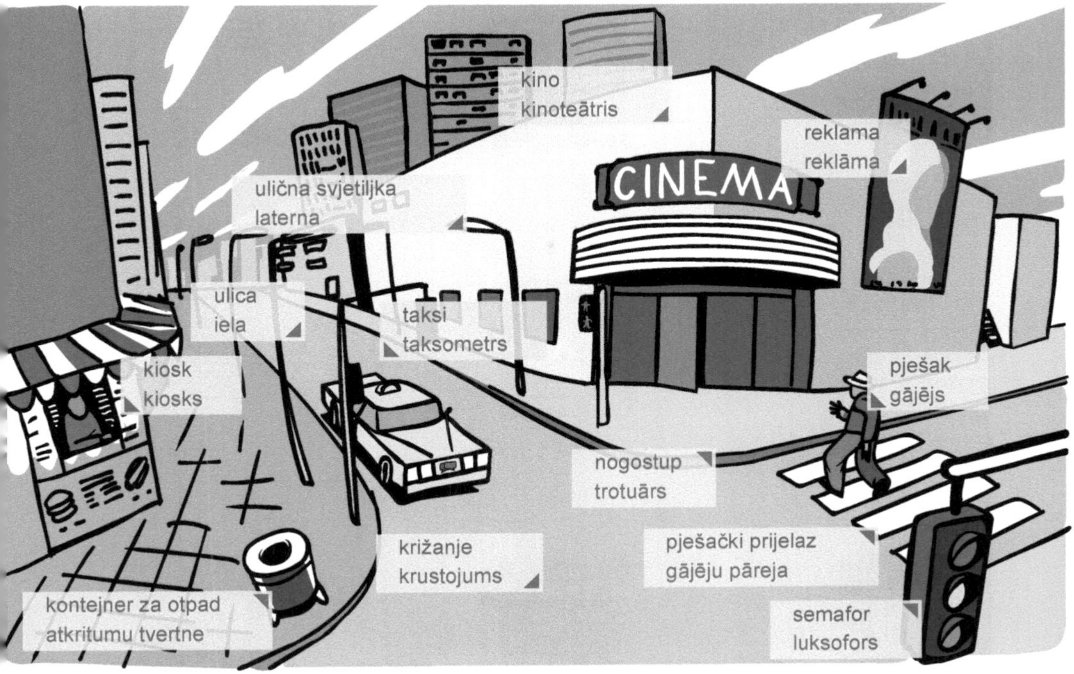
kino
kinoteātris
reklama
reklāma
CINEMA
ulična svjetiljka
laterna
ulica
iela
taksi
taksometrs
kiosk
kiosks
pješak
gājējs
nogostup
trotuārs
križanje
krustojums
pješački prijelaz
gājēju pāreja
kontejner za otpad
atkritumu tvertne
semafor
luksofors

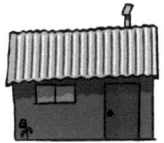

koliba

būda

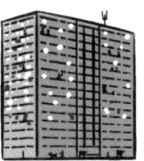

stan

dzīvoklis

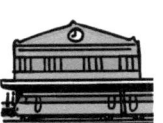

kolodvor

dzelzceļa stacija

vijećnica

rātsnams

MUSEUM

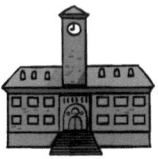

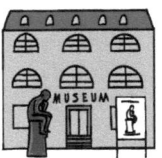

muzej

muzejs

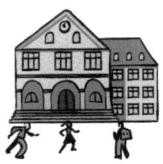

škola

skola

sveučilište

universitāte

banka

banka

bolnica

slimnīca

hotel

viesnīca

ljekarna

aptieka

ured

birojs

knjižara

grāmatnīca

prodavaonica

veikals

cvjećara

ziedu veikals

supermarket

lielveikals

trg

tirgus

robna kuća

tirdzniecības centrs

ribarnica

zivju tirgotājs

trgovački centar

tirdzniecības centrs

luka

osta

park

parks

klupa

sols

most

tilts

stepenice

kāpnes

podzemna željeznica

metro

tunel

tunelis

autobusna stanica

autobusa pieturvieta

bar

bārs

restoran

restorāns

poštansko sanduče

pastkastīte

ulični znak

ielas nosaukuma plāksne

parkirni sat

stāvlaika skaitītājs

zoološki vrt

zooloģiskais dārzs

bazen

peldbaseins

džamija

mošeja

seosko gazdinstvo
·········
zemnieku saimniecība

zagađenje okoliša
·········
vides piesārņojums

groblje
·········
kapsēta

crkva
·········
baznīca

igralište
·········
spēļu laukums

hram
·········
templis

krajolik
ainava

list
lapa

putokaz
ceļrādis

put
ceļš

livada
pļava

kamen
akmens

šetač
ceļotājs

drvo
koks

rijeka
upe

trava
zāle

cvijet
puķe

dolina

ieleja

planina

kalns

jezero

ezers

šuma

mežs

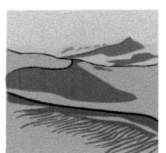

pustinja

tuksnesis

vulkan

vulkāns

dvorac

pils

duga

varavīksne

gljiva

sēne

palma

palma

moskito

moskīts

muha

muša

mrav

skudra

pčela

bite

pauk

zirneklis

buba
vabole

žaba
varde

vjeverica
vāvere

jež
ezis

zec
zaķis

sova
pūce

ptica
putns

labud
gulbis

divlja svinja
meža cūka

jelen
briedis

los
alnis

nasip
aizsprosts

vjetrenjača
vēja ģenerators

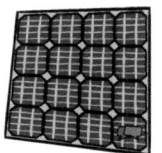

solarna ploča
saules baterija

klima
klimats

konobar
viesmīlis

jelovnik
ēdienkarte

stolica
krēsls

supa
zupa

pica
pica

pribor za jelo
galda piederumi

stolnjak
galdauts

predjelo

uzkoda

glavno jelo

pamatēdiens

desert

deserts

napitci

dzērieni

jelo

ēdiens

boca

pudele

fastfood

ātrās uzkodas

imbis hrana

ielu uzkodas

čajnik

tējkanna

doza za šećer

cukurtrauks

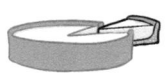

porcija

porcija

aparat za espresso

espresso kafijas automāts

visoka stolica

bāra krēsls

račun

rēķins

pladanj

paplāte

nož

nazis

vilica

dakša

žlica

karote

čajna žlica

tējkarote

ubrus

salvete

čaša

glāze

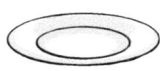

tanjur

škīvis

tanjur za supu

zupas škīvis

tanjurić

apakštase

sos

mērce

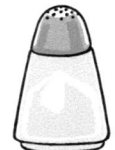

soljenka

sāls trauciņš

mlin za biber

piparu dzirnaviņas

ocat

etiķis

ulje

eļļa

začini

garšvielas

kečap

kečups

senf

sinepes

majoneza

majonēze

supermarket
lielveikals

ponuda
piedāvājums
FOR
kupac
klients
mliječni proizvodi
piena produkti
voće
augļi
kolica za kupnju
iepirkumu ratiņi

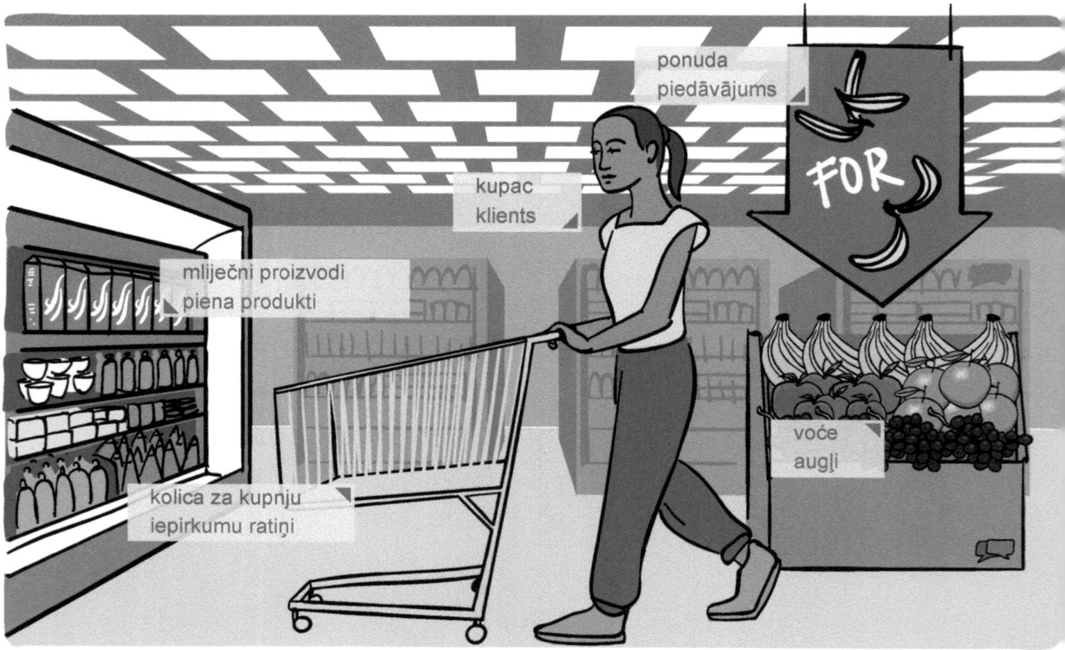

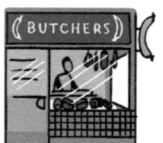

BUTCHERS

mesnica
kautuve

BAKERY

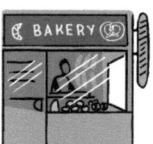

pekarnica
maizes veikals

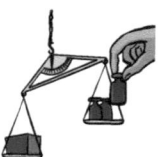

vagati
svērt

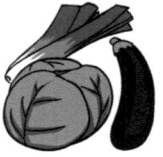

povrće
dārzeņi

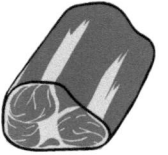

meso
gaļa

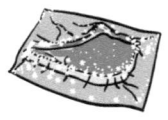

duboko smrznuta hrana
saldēti produkti

narezak

aukstās gaļas uzkodas

konzerve

konservi

sredstvo za pranje

pulveris

slatkiši

saldumi

artikli za domaćinstvo

mājsaimniecības preces

sredstva za čišćenje

tīrīšanas līdzeklis

prodavačica

pārdevēja

blagajna

kase

blagajnik

kasieris

lista za kupnju

iepirkumu saraksts

vrijeme rada

darba laiks

novčanik

maks

kreditna kartica

kredītkarte

torba

soma

plastična vrećica

maisiņš

voda
ūdens

sok
sula

mlijeko
piens

cola
kola

vino
vīns

pivo
alus

alkohol
alkohols

kakao
kakao

čaj
tēja

kava
kafija

espresso
espresso

cappuccino
kapučīno

banana

banāns

jabuka

ābols

naranča

apelsīns

lubenica

melone

limun

citrons

mrkva

burkāns

češnjak

ķiploks

bambus

bambuss

luk

sīpols

gljiva

sēne

orašasti plodovi

rieksti

rezanci

makaroni

špagete

spageti

riža

rīsi

salata

salāti

pomfrit

frī kartupeļi

pečeni krumpir

cepti kartupeļi

pica

pica

hamburger

hamburgers

sendvič

sviestmaize

šnicla

šnicele

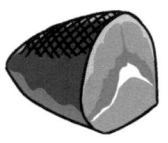

pršut

šķiņķis

salama

salami

kobasica

desa

kokoš

vista

pečenje

cepetis

riba

zivs

jelo - ēdiens

zobene pahuljice

auzu pārslas

musli

muslis

kukuruzne pahuljice

brokastu pārslas

brašno

milti

roščić

radziņš

pecivo

brokastu maizītes

kruh

maize

toast

tostermaize

keksi

cepumi

maslac

sviests

svježi sir

biezpiens

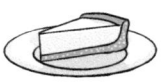

kolač

kūka

jaje

ola

jaje na oko

cepta ola

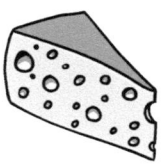

sir

siers

sladoled

saldējums

šećer

cukurs

med

medus

marmelada

marmelāde

nugat krema

riekstu krēms

curry

karijs

seosko gazdinstvo
zemnieku saimniecība

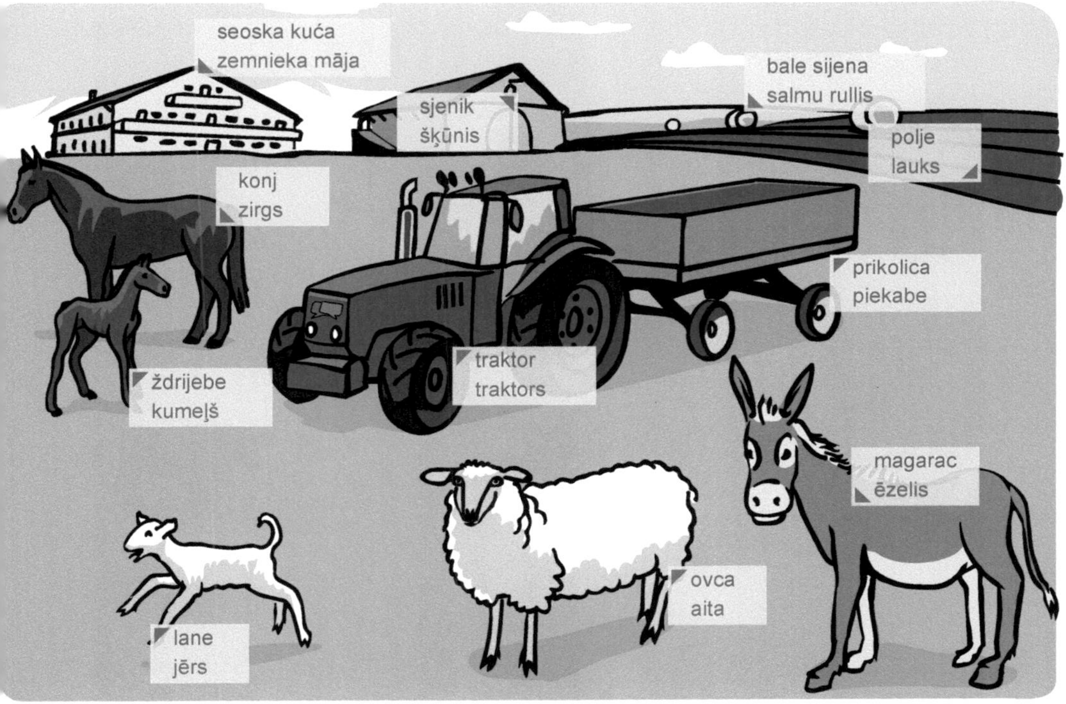
seoska kuća
zemnieka māja
sjenik
šķūnis
bale sijena
salmu rullis
polje
lauks
konj
zirgs
prikolica
piekabe
traktor
traktors
ždrijebe
kumeļš
magarac
ēzelis
ovca
aita
lane
jērs

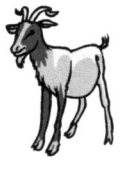

koza
kaza

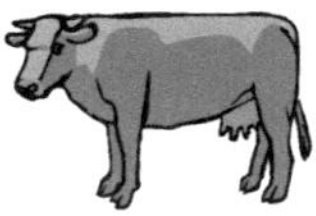

krava
govs

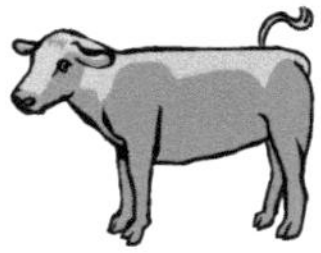

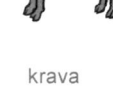

tele
teļš

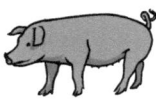

svinja
cūka

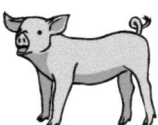

prase
sivēns

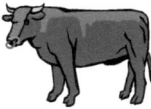

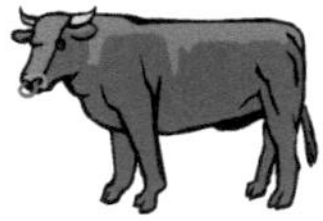

bik
bullis

guska
zoss

patka
pīle

pilići
cālis

kokoš
vista

pijetao
gailis

pacov
žurka

mačka
kaķis

miš
pele

vol
vērsis

pas
suns

kućica za psa
suņa būda

vrtno crijevo
dārza šļūtene

kanta za polijevanje
lejkanna

kosa
izkapts

plug
arkls

srp

sirpis

motika

kaplis

vilica za gnojivo

mēslu dakša

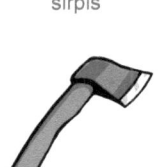

sjekira

cirvis

tačke

ķerra

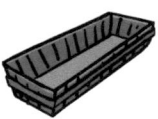

korito

sile

posuda za mlijeko

piena kanna

vreća

maiss

ograda

žogs

štala

kūts

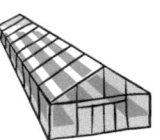

staklenik

siltumnīca

zemlja

augsne

sjeme

sēklas

gnojivo

mēslojums

kombajn

kombains

žanjati
novākt ražu

žetva
raža

yams začin
jamss

pšenica
kvieši

soja
soja

krumpir
kartupelis

kukuruz
kukurūza

uljana repica
rapsis

voćka
augļu koks

gomolj manioke
manioka

žitarice
labība

kuća
māja

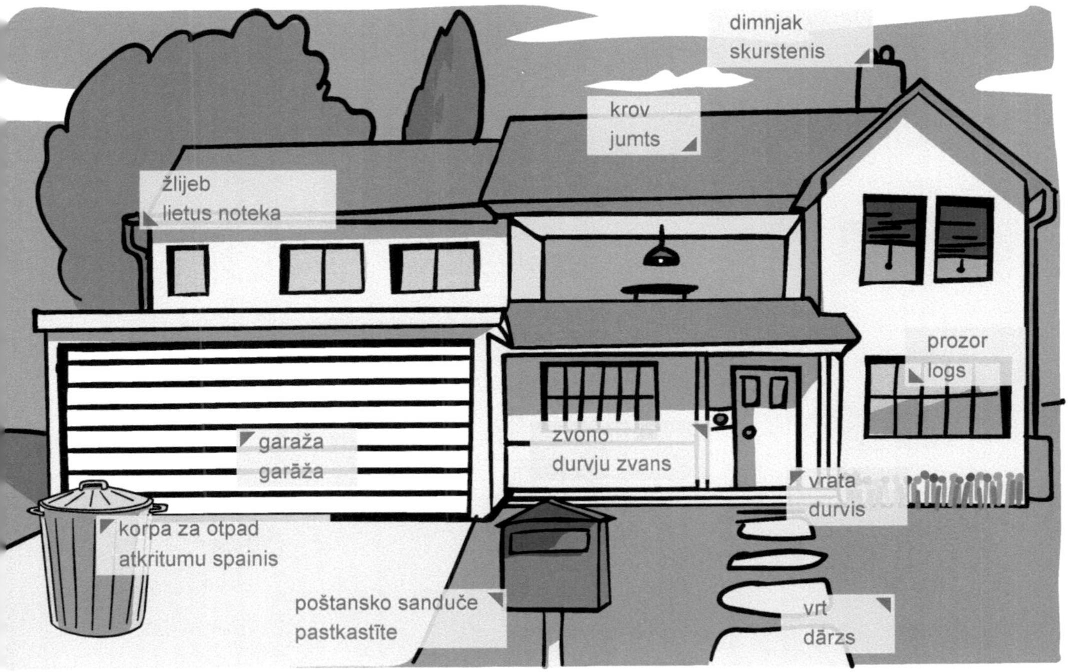

dimnjak
skurstenis
krov
jumts
žlijeb
lietus noteka
prozor
logs
garaža
garāža
zvono
durvju zvans
vrata
durvis
korpa za otpad
atkritumu spainis
poštansko sandučе
pastkastīte
vrt
dārzs

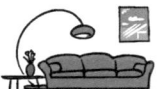

dnevna soba

viesistaba

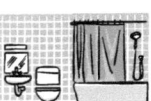

kupaonica

vannas istaba

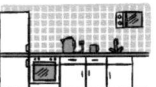

kuhinja

virtuve

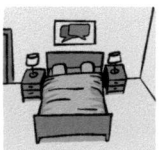

spavaća soba

guļamistaba

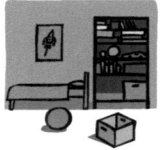

dječija soba

bērnu istaba

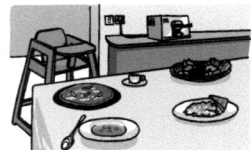

trpezarija

ēdamistaba

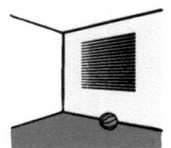

pod
grīda

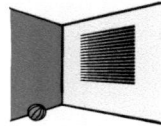

zid
siena

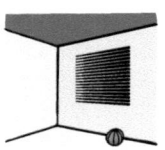

strop
griesti

podrum
pagrabs

sauna
sauna

balkon
balkons

terasa
terase

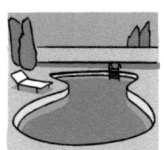

bazen
baseins

kosilica za travu
zāles pļāvējs

posteljina za krevet
gultas veļa

deka za krevet
sega

krevet
gulta

metla
slota

kanta
spainis

sklopka
slēdzis

dnevna soba
viesistaba

tapeta
tapetes
slika
attēls
svjetiljka
lampa
regal
plaukts
ormar
skapis
televizija
televizors
kamin
kamīns
cvijet
puķe
jastuk
spilvens
kauč
dīvāns
vaza
vāze
daljinski upravljač
tālvadības pults

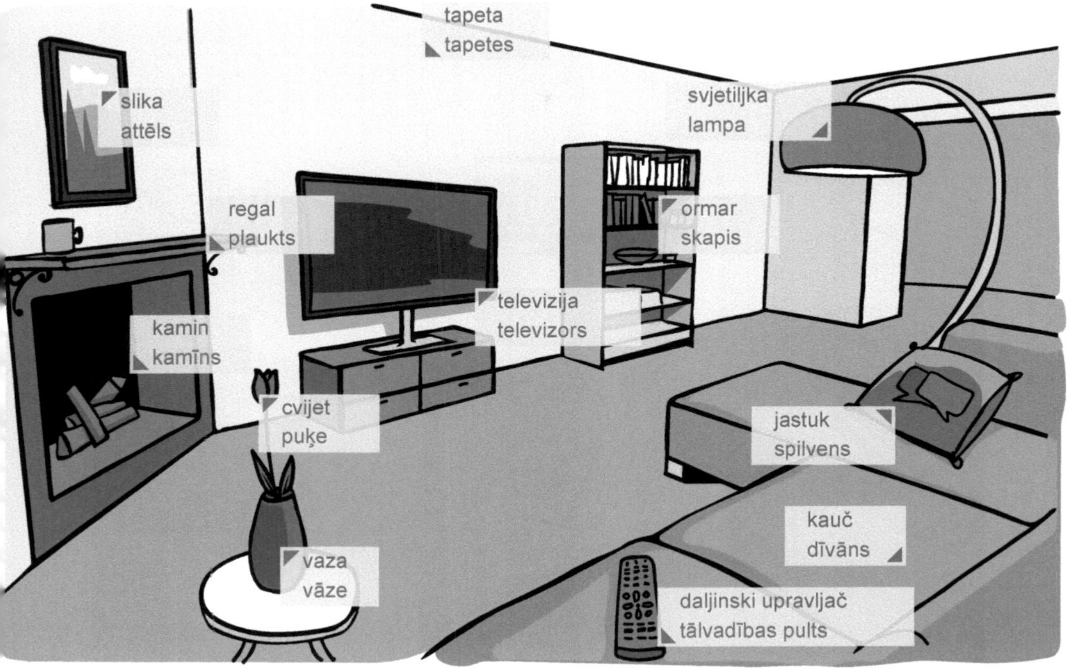

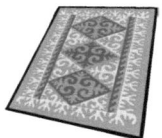

tepih
paklājs

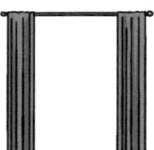

zavjesa
aizkars

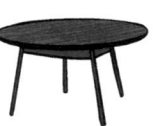

stol
galds

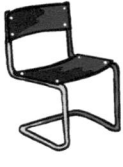

stolica
krēsls

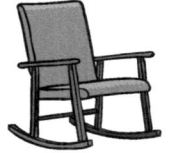

stolica za njihanje
šūpuļkrēsls

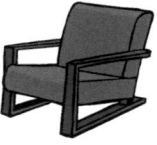

fotelja
atpūtas krēsls

knjiga

grāmata

deka

sega

dekoracija

dekorācija

drvo za ogrjev

malka

film

filma

stereo uređaj

mūzikas centrs

ključ

atslēga

novine

avīze

slika na platnu

glezna

poster

plakāts

radio

radio

blok za pisanje

pierakstu blociņš

usisavač

putekļu sūcējs

kaktus

kaktuss

svijeća

svece

kuhinja
virtuve

hladnjak
ledusskapis
mikrovalna pećnica
mikroviļņu krāsns
kuhinjska vaga
virtuves svari
toaster
tosteris
sredstvo za čišćenje
tīrīšanas līdzekļi
pećnica
cepeškrāsns
pretinac za zamrzavanje
saldēšanas kamera
korpa za otpad
atkritumu spainis
perilica za suđe
trauku mazgājamā mašīna

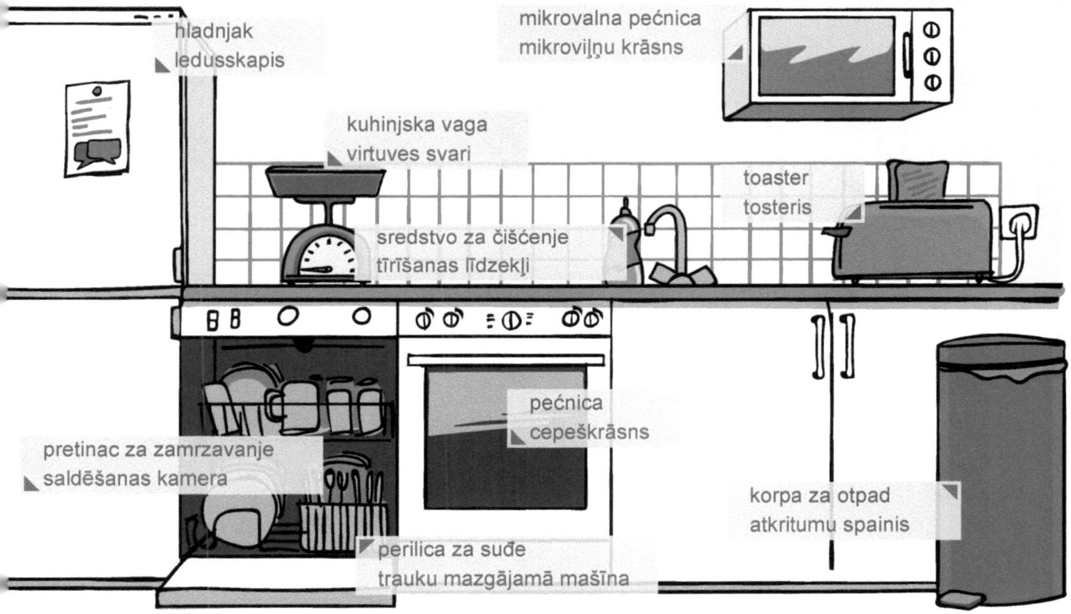

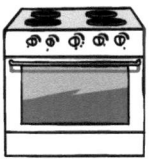

štednjak
plīts

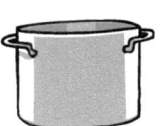

lonac
pods

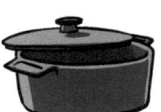

željezni lonac
katls

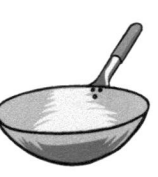

wok / kadai
Wok panna

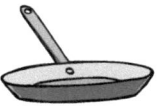

tava
panna

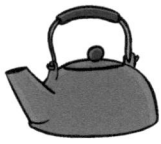

kuhalo za vodu
elektriskā tējkanna

kuhalo na paru

tvaika katls

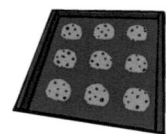

lim za pečenje

cepešpanna

posuđe

trauki

čaša

krūze

zdjela

bļoda

štapići za jelo

irbulīši

kutljača

kauss

lopatica

lāpstiņa

pjenjača

putošanas slotiņa

sito za kuhanje

sietiņš

sito

siets

ribež

rīve

mužar

piesta

roštilj

grilēt

ognjište

atklāts pavards

daska
dēlis

oklagija
mīklas rullis

vadičep
korķu viļķis

konzerva
bundža

otvarač konzervi
konservu nazis

krpa za lonac
virtuves cimdi

sudoper
izlietne

četka
birste

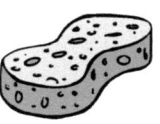

spužva
sūklis

mikser
mikseris

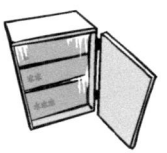

zamrzivač
saldētava

bočica za bebe
bērna pudelīte

slavina za vodu
ūdenskrāns

kupaonica
vannas istaba

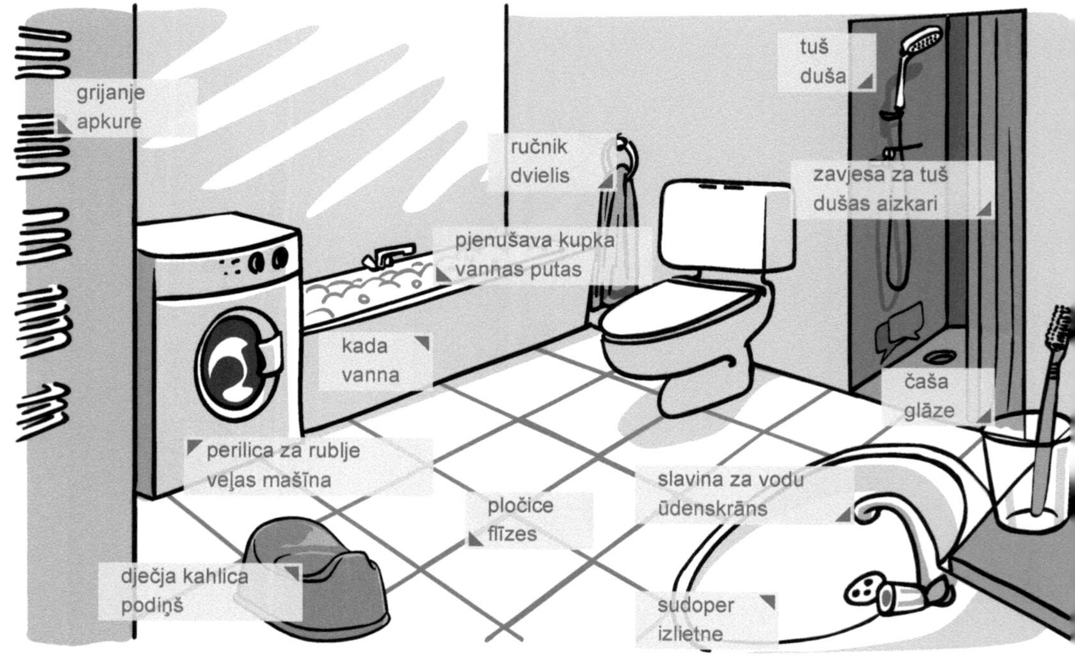
grijanje
apkure
ručnik
dvielis
tuš
duša
zavjesa za tuš
dušas aizkari
pjenušava kupka
vannas putas
kada
vanna
čaša
glāze
perilica za rublje
veļas mašīna
slavina za vodu
ūdenskrāns
pločice
flīzes
dječja kahlica
podiņš
sudoper
izlietne

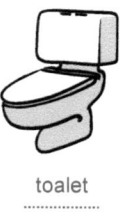

toalet
tualetes pods

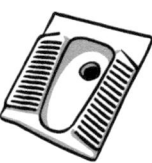

čučavac
Āzijas tipa tualete

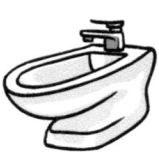

bidet
bidē

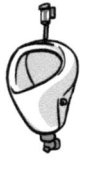

pisoar
pisuārs

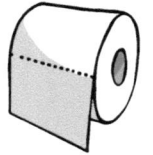

papir za toalet
tualetes papīs

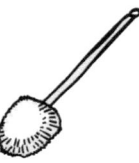

četka za toalet
tualetes birste

četkica za zube

zobu birste

pasta za zube

zobu pasta

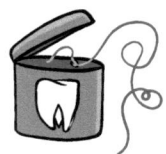

konac za zube

zobu diegs

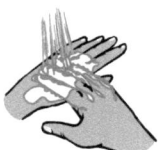

prati

mazgāt

tuš ručica

rokas duša

tuš za pranje intimnih dijelova

duša

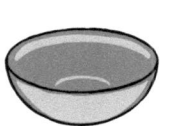

lavor

bļoda

četka za pranje leđa

muguras mazgāšanas birste

sapun

ziepes

gel za tuširanje

dušas želeja

šampon

šampūns

krpa za pranje

mazgāšanas drāna

odvod

noteka

krema

krēms

dezodorans

dezodorants

ogledalo

spogulis

kozmetičko ogledalo

spogulītis

brijač

skuveklis

pjena za brijanje

skūšanās putas

losion za poslije brijanja

losjons pēc skūšanās

češalj

ķemme

četka

matu suka

sušilo za kosu

matu fēns

sprej za kosu

matu laka

makeup

grima komplekts

ruž za usne

lūpu krāsa

lak za nokte

nagulaka

vata

vate

škare za nokte

šķērītes

parfem

smaržas

neseser
kosmētikas maks

stolica
ķeblītis

vaga
svari

ogrtač
halāts

rukavice za čišćenje
tīrīšanas cimdi

tampon
tampons

uložak
pakete

kemijski toalet
ķīmiskā tualete

dječija soba
bērnu istaba

budilnik
modinātājs
plišana igračka
mīkstā rotaļlieta
auto igračka
spēļu automašīna
zvečka
grabulis
kućica za lutke
leļļu māja
poklon
dāvana

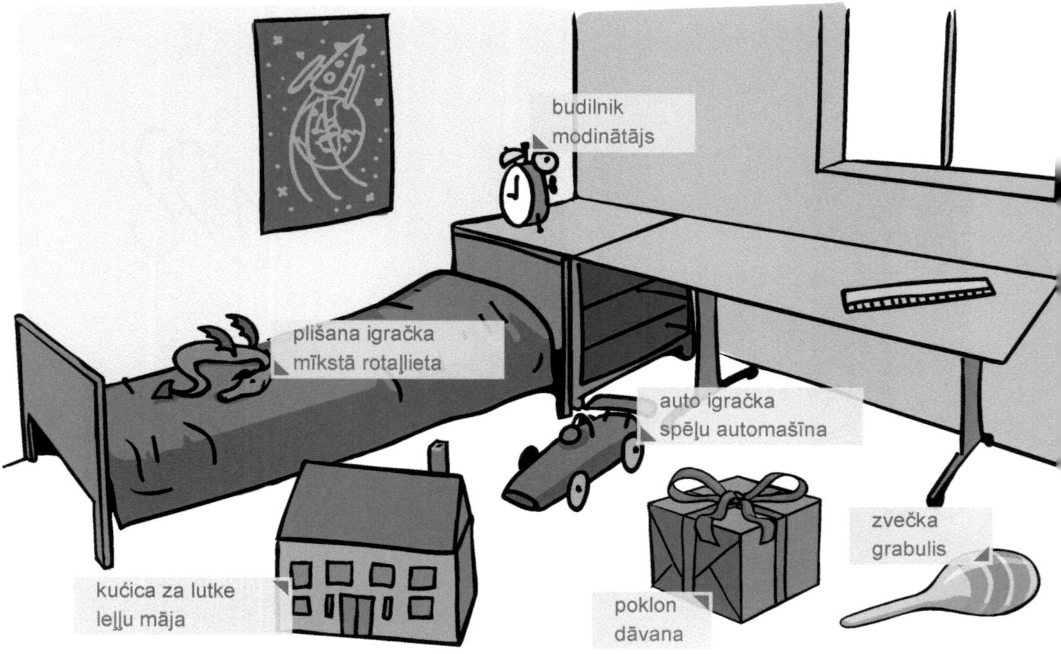

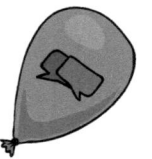

balon

balons

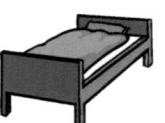

krevet

gulta

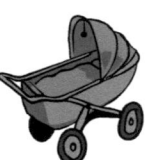

dječija kolica

bērnu ratiņi

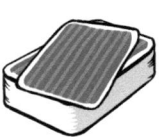

igra s kartama

kārtis

slagalica

puzle

SUPER
MEGA

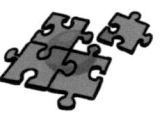

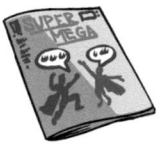

strip

komikss

lego kockice

LEGO klucīši

kockice za slaganje

klucīši

akcioni junak

varoņu figūra

kombinezon za bebe

rāpulītis

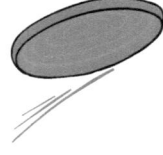

frizbi

lidojošais šķīvītis

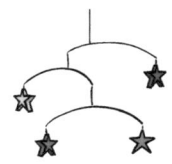

viseće igračke

muzikālais karuselis

društvene igre

galda spēle

kocka

metamais kauliņš

minijaturna željeznica

rotaļu dzelzceļš

duda

māneklis

tulum

ballīte

slikovnica

bilžu grāmata

lopta

bumba

lutka

lelle

igrati

spēlēt

pješčanik

smilšu kaste

ljuljačka

šūpoles

igračka

rotaļlietas

konzola za igre

spēļu konsole

tricikl

trīsritenis

plišani medo

plīša lācītis

ormar

drēbju skapis

odjeća

apģērbs

kratke čarape

īszeķes

čarape

zeķes

hulahopke

zeķbikses

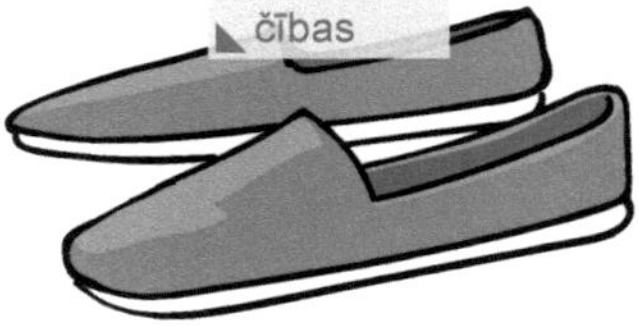

šal
šalle

kišobran
lietussargs

t-shirt
T-krekls

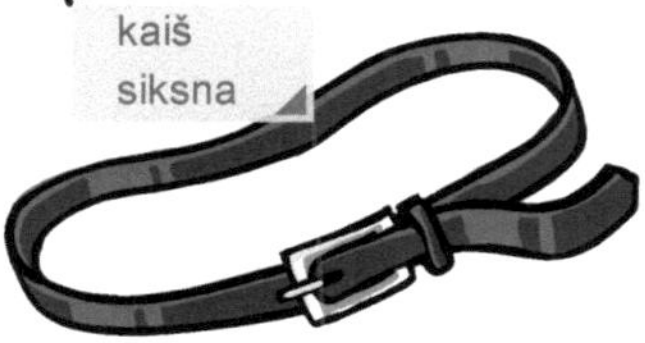

kaiš
siksna

čizme
zābaks

papuče
čības

patike
botas

sandale
....
sandales

cipele
....
kurpes

gumene čizme
....
gumijas zābaki

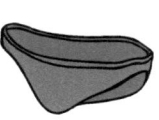

gaćice
....
apakšbikses

grudnjak
....
krūšturis

potkošulja
....
apakškrekls

bodi

bodijs

hlače

bikses

džins

džinsi

haljina

svārki

bluza

blūze

košulja

krekls

džemper

pulovers

pulover s kapuljačom

džemperis

blejzer

žakete

jakna

jaka

kaput

mētelis

kabanica

lietus mētelis

kostim

kostīms

haljina

kleita

vjenčanica

kāzu kleita

odijelo

uzvalks

spavaćica

naktskrekls

pidžama

pidžama

sari

sari

rubac

lakats

turban

turbāns

burka

burka

kaftan

kaftāns

abaja

abaja

kupaći kostim

peldkostīms

kupaće gaćice

peldbikses

kratke hlače

šorti

odjeća za trening

treniņtērps

pregača

priekšauts

rukavice

cimdi

odjeća - apģērbs

gumb

poga

naočale

brilles

narukvica

rokassprādze

ogrlica

kaklarota

prsten

gredzens

naušnica

auskars

kapa

cepure

vješalica

drēbju pakaramais

šešir

platmale

kravata

kaklasaite

patent zatvarač

rāvējslēdzējs

kaciga

ķivere

naramenice

bikšturi

školska uniforma

skolas forma

uniforma

uniforma

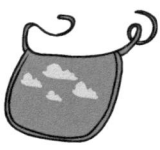

podbradak

priekšautiņš

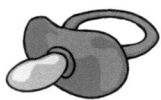

duda

māneklis

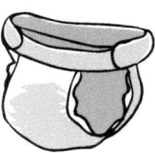

pelena

autiņbiksītes

ured
birojs

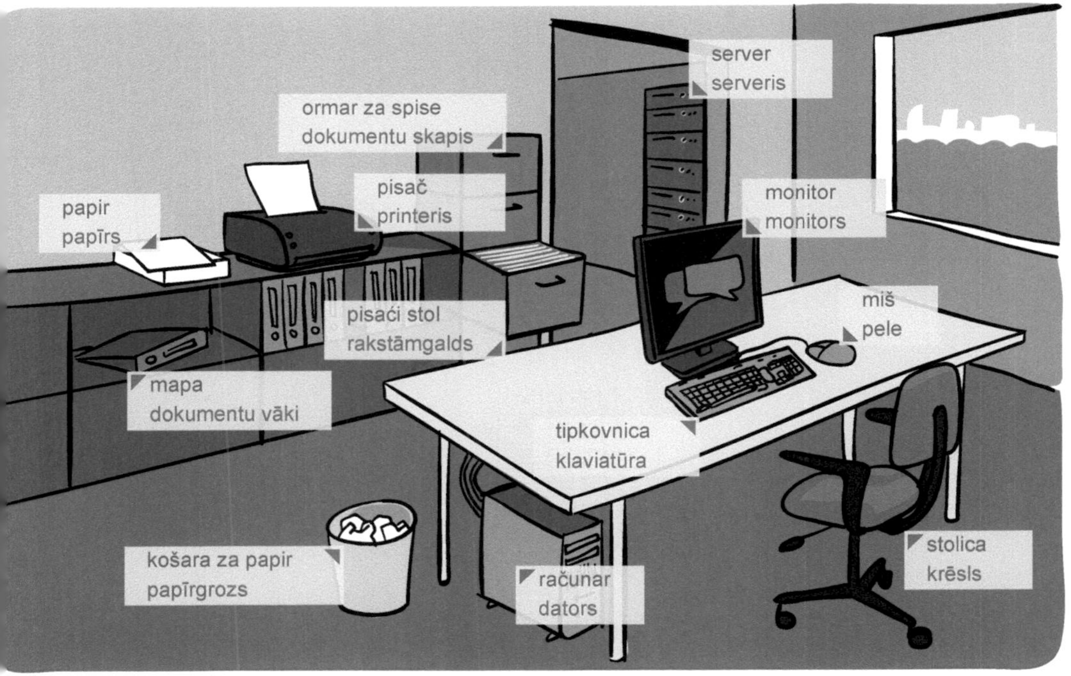
server
serveris
ormar za spise
dokumentu skapis
pisač
printeris
papir
papīrs
monitor
monitors
miš
pele
pisaći stol
rakstāmgalds
mapa
dokumentu vāki
tipkovnica
klaviatūra
košara za papir
papīrgrozs
računar
dators
stolica
krēsls

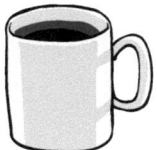

šalica za kavu

kafijas krūze

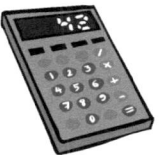

kalkulator

kalkulators

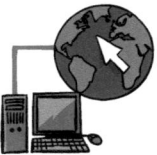

internet

internets

laptop

portatīvais dators

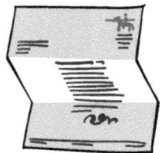

pismo

vēstule

poruka

ziņa

mobilni telefon

mobilais tālrunis

mreža

tīkls

uređaj za kopiranje

kopētājs

softver

programmatūra

telefon

telefons

utičnica

rozete

faks

faksa aparāts

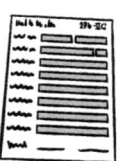

obrazac

formulārs

dokument

dokuments

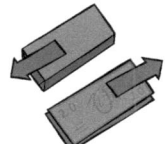

kupovati

pirkt

platiti

samaksāt

trgovati

tirgot

novac

nauda

dolar

dolārs

euro

eiro

jen

jēna

rubalj

rublis

švicarski franak

franks

renmindbi yuan

juaņa renminbi

rupija

rūpija

automat za novac

bankomāts

mjenjačnica

valūtas maiņas punkts

zlato

zelts

srebro

sudrabs

nafta

nafta

energija

enerģija

cijena

cena

ugovor

līgums

porez

nodoklis

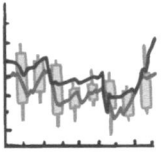

dionica

akcija

raditi

strādāt

službenik

darbinieks

poslodavac

darba devējs

tvornica

fabrika

prodavaonica

veikals

policajac
policists

vatrogasac
ugunsdzēsējs

kuhar
pavārs

liječnik
ārsts

pilot
pilots

vrtlar

dārznieks

stolar

galdnieks

krojačica

šuvēja

sudija

tiesnesis

kemičar

ķīmiķis

glumac

aktieris

vozač autobusa

autobusa vadītājs

vozač taksija

taksometra vadītājs

ribar

zvejnieks

čistačica

apkopēja

krovopokrivač

jumiķis

konobar

viesmīlis

lovac

mednieks

slikar

gleznotājs

pekar

maiznieks

električar

elektriķis

građevinski radnik

celtnieks

inženjer

inženieris

mesar

miesnieks

limar

skārdnieks

poštar

pastnieks

vojnik

karavīrs

arhitekta

arhitekts

blagajnik

kasieris

cvjećar

florists

frizer

frizieris

kondukter

konduktors

mehaničar

mehāniķis

kapetan

kapteinis

zubar

zobārsts

znanstvenik

zinātnieks

rabi

rabīns

imam

imāms

monah

mūks

svećenik

mācītājs

alati
instrumenti

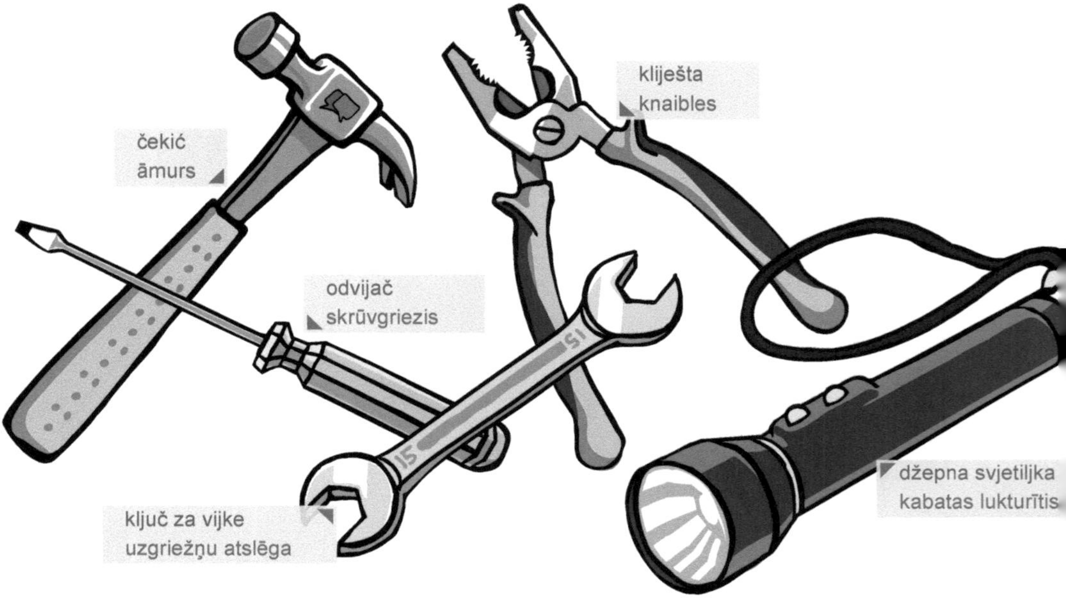

čekić
āmurs
kliješta
knaibles
odvijač
skrūvgriezis
ključ za vijke
uzgriežņu atslēga
džepna svjetiljka
kabatas lukturītis

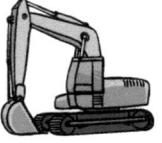

rovokopač

ekskavators

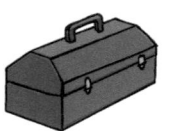

kutija za alat

instrumentu kaste

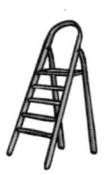

ljestve

kāpnes

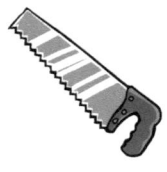

pila

zāģis

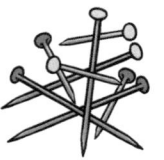

ekser

naglas

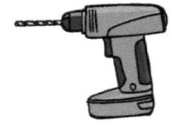

bušilica

urbis

popraviti

remontēt

lopata

lāpsta

Sranje!

Velns!

lopatica

liekšķere

lonac za boju

krāsas bundža

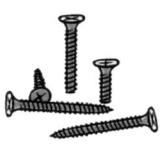

vijci

skrūves

glazbeni instrument
mūzikas instrumenti

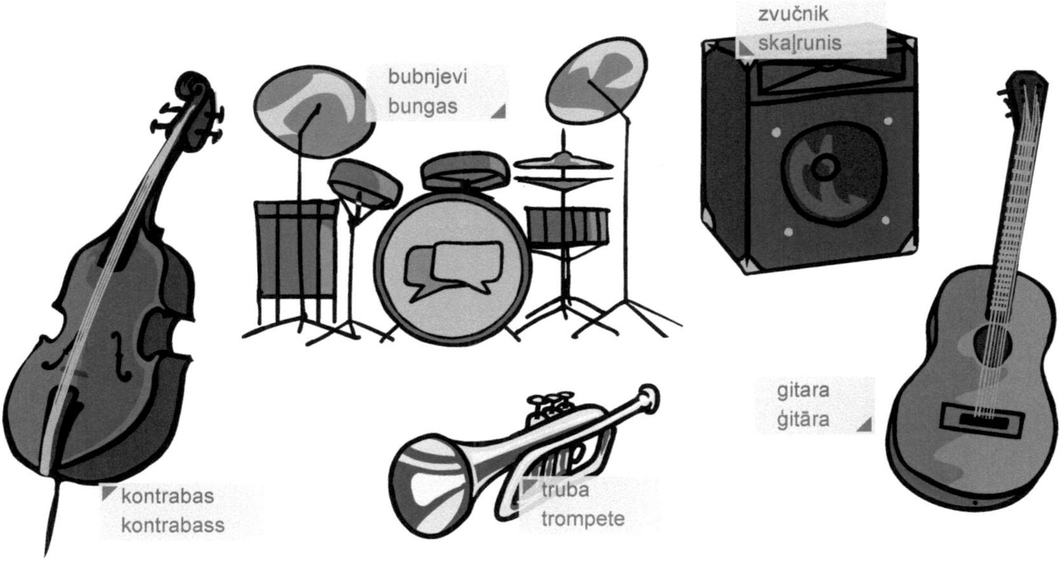

zvučnik
skaļrunis

bubnjevi
bungas

gitara
ģitāra

kontrabas
kontrabass

truba
trompete

klavir

klavieres

violina

vijole

bas

bass

timpani

timpāni

udaraljke za bubnjeve

bungas

keyboard

digitālās klavieres

saksofon

saksofons

flauta

flauta

mikrofon

mikrofons

zoološki vrt
zooloģiskais dārzs

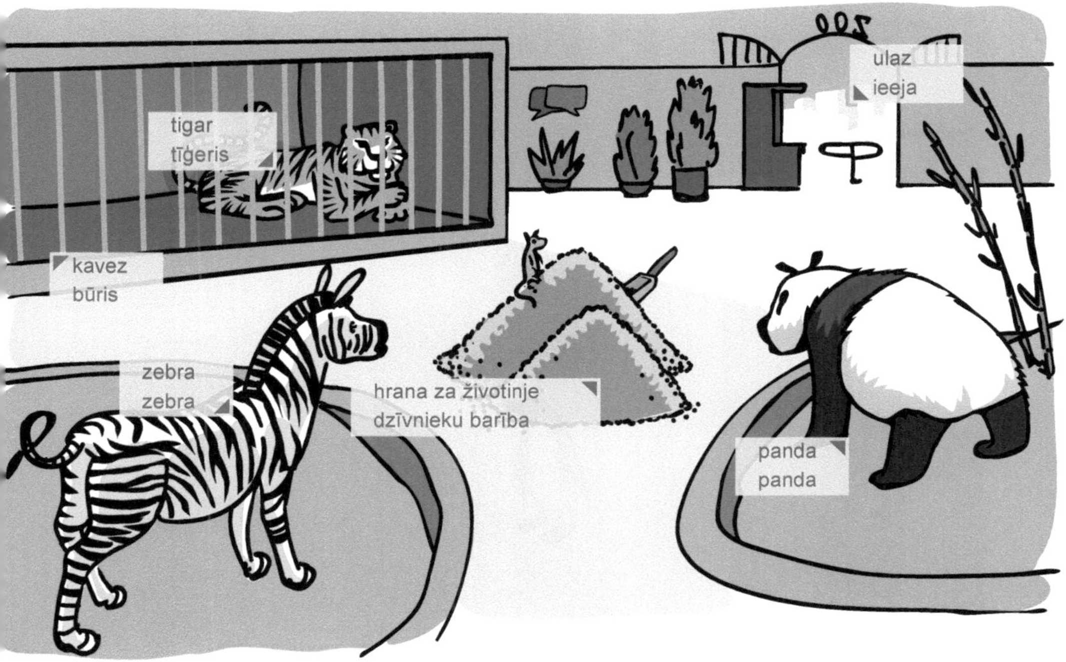
ulaz
ieeja
tigar
tīģeris
kavez
būris
zebra
zebra
hrana za životinje
dzīvnieku barība
panda
panda

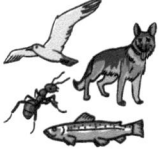

životinje
dzīvnieki

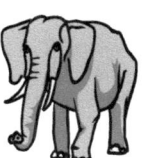

slon
zilonis

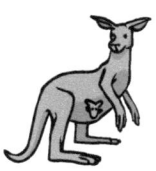

kengur
ķengurs

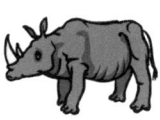

nosorog
degunradzis

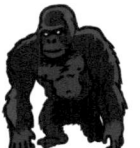

gorila
gorilla

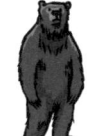

medvjed
lācis

kamila

kamielis

noj

strauss

lav

lauva

majmun

pērtiķis

flamingo

flamings

papagaj

papagailis

polarni medvjed

polārlācis

pingvin

pingvīns

ajkula

haizivs

paun

pāvs

zmija

čūska

krokodil

krokodils

čuvar u zoološkom vrtu

zoodārza sargs

tuljan

ronis

jaguar

jaguārs

poni
ponijs

leopard
leopards

nilski konj
nīlzirgs

žirafa
žirafe

orao
ērglis

divlja svinja
meža cūka

riba
zivs

kornjača
bruņurupucis

morž
valzirgs

lisica
lapsa

gazela
gazele

američki nogomet
amerikāņu futbols

biciklizam
riteņbraukšana

tenis
teniss

košarka
basketbols

plivanje
peldēšana

boks
bokss

hockey na ledu
hokejs

nogomet
futbols

badminton
badmintons

atletika
vieglatlētika

rukomet
rokas bumba

skijanje
slēpošana

polo
polo

aktivnosti
darbības

skočiti
lēkt
zagrliti
apskaut
smijati se
smieties
ići
iet
pjevati
dziedāt
sanjati
sapņot
moliti se
lūgt
poljubiti
skūpstīt

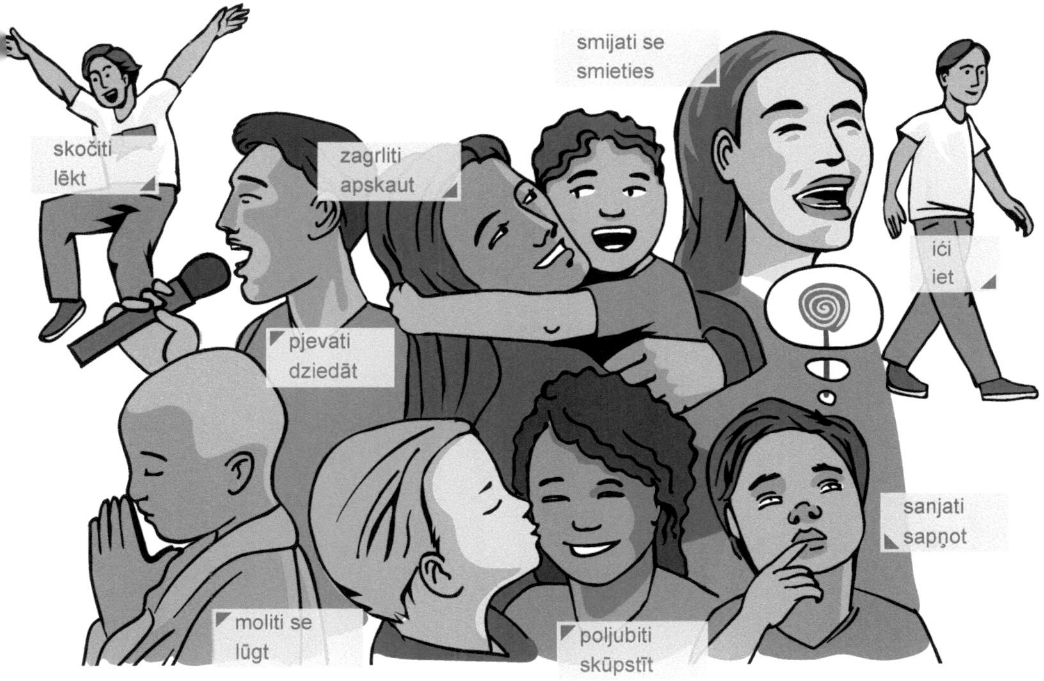

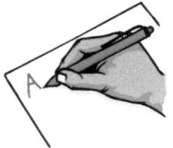

pisati
rakstīt

crtati
zīmēt

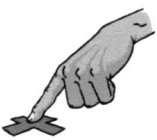

pokazati
rādīt

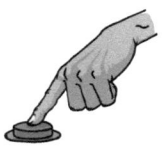

gurati
spiest

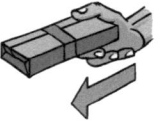

dati
dot

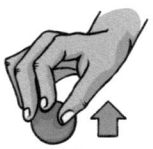

uzeti
ņemt

imati
būt

činiti
darīt

biti
būt

stojati
stāvēt

trčati
skriet

povlačiti
vilkt

baciti
mest

padati
krist

ležati
gulēt

čekati
gaidīt

nositi
nest

sjediti
sēdēt

oblačiti
uzģērbt

spavati
gulēt

probuditi se
pamosties

gledati

skatīties

plakati

raudāt

milovati

glāstīt

češljati

ķemmēt

govoriti

runāt

razumjeti

saprast

pitati

jautāt

slušati

dzirdēt

piti

dzert

jesti

ēst

pospremiti

sakārtot

voljeti

mīlēt

kuhati

vārīt

voziti

braukt

letjeti

lidot

ploviti

burot

računati

rēķināt

čitati

lasīt

učiti

mācīties

raditi

strādāt

vjenčati se

precēties

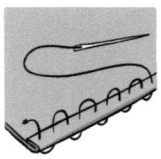

šiti

šūt

prati zube

tīrīt zobus

ubiti

nogalināt

pušiti

smēķēt

poslati

sūtīt

baka
vecāmāte

djed
vectēvs

otac
tēvs

majka
māte

beba
mazulis

kćerka
meita

sin
dēls

gost
....
viesis

tetka
....
tante

ujak, stric
....
onkulis

brat
....
brālis

sestra
....
māsa

tijelo
ķermenis

čelo
piere
oko
acs
lice
seja
brada
zods
grudi
krūtis
prst
pirksts
ruka
roka
ruka
roka
rame
plecs
noga
kāja

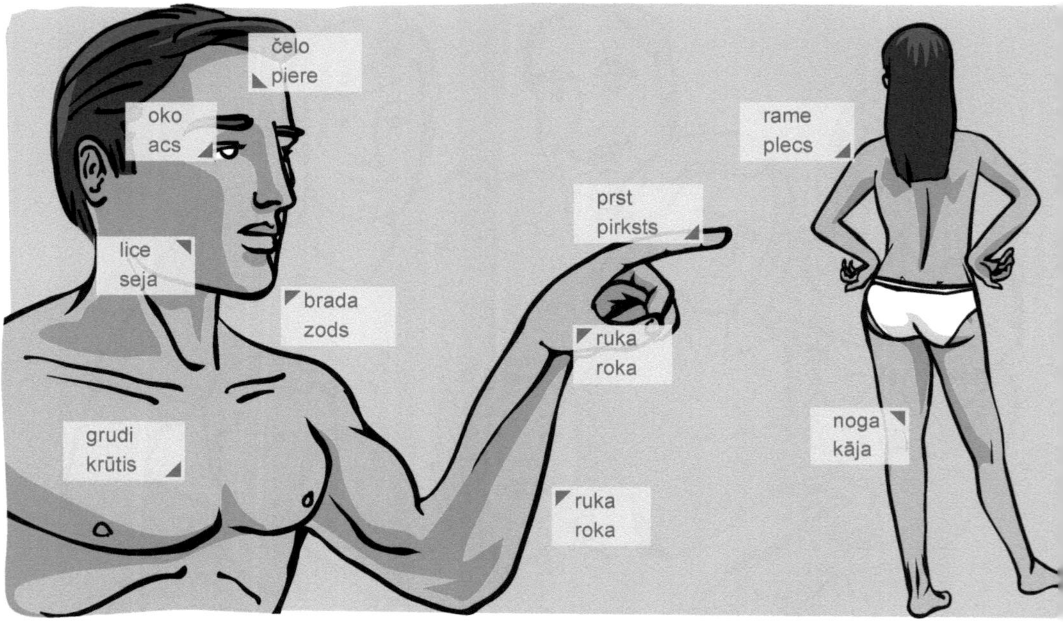

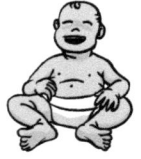

beba
mazulis

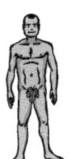

muškarac
vīrietis

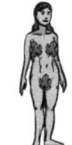

žena
sieviete

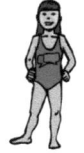

djevojčica
meitene

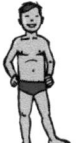

dječak
zēns

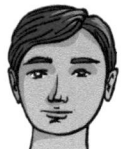

glava
galva

leđa
....
mugura

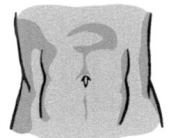

trbuh
....
vēders

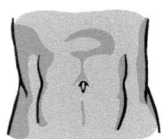

pupak
....
naba

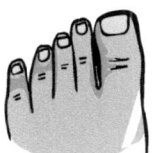

nožni prst
....
kājas pirksts

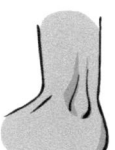

peta
....
papēdis

kost
....
kauls

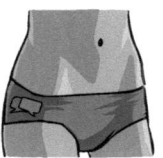

kuk
....
gurns

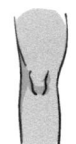

koljeno
....
celis

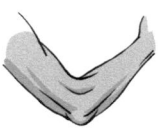

lakat
....
elkonis

nos
....
deguns

stražnjica
....
dibens

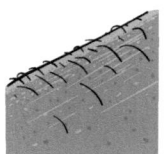

koža
....
āda

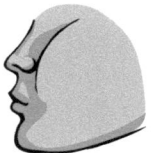

obraz
....
vaigs

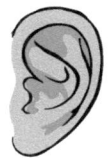

uho
....
auss

usna
....
lūpa

usta

mute

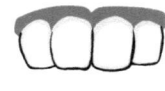

zub

zobs

jezik

mēle

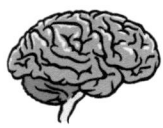

mozak

smadzenes

srce

sirds

mišić

muskulis

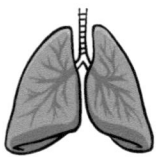

pluća

plaušas

jetra

aknas

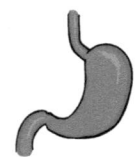

želudac

kuņģis

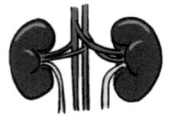

bubrezi

nieres

snošaj

dzimumakts

kondom

kondoms

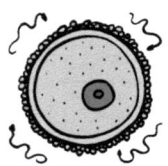

jajna stanica

olšūna

sperma

sperma

trudnoća

grūtniecība

tijelo - ķermenis

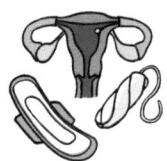

menstruacija

menstruācijas

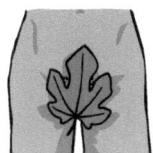

vagina

vagīna

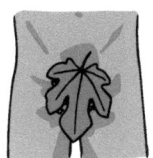

penis

penis

obrva

uzacs

kosa

mati

vrat

kakls

bolnica
slimnīca

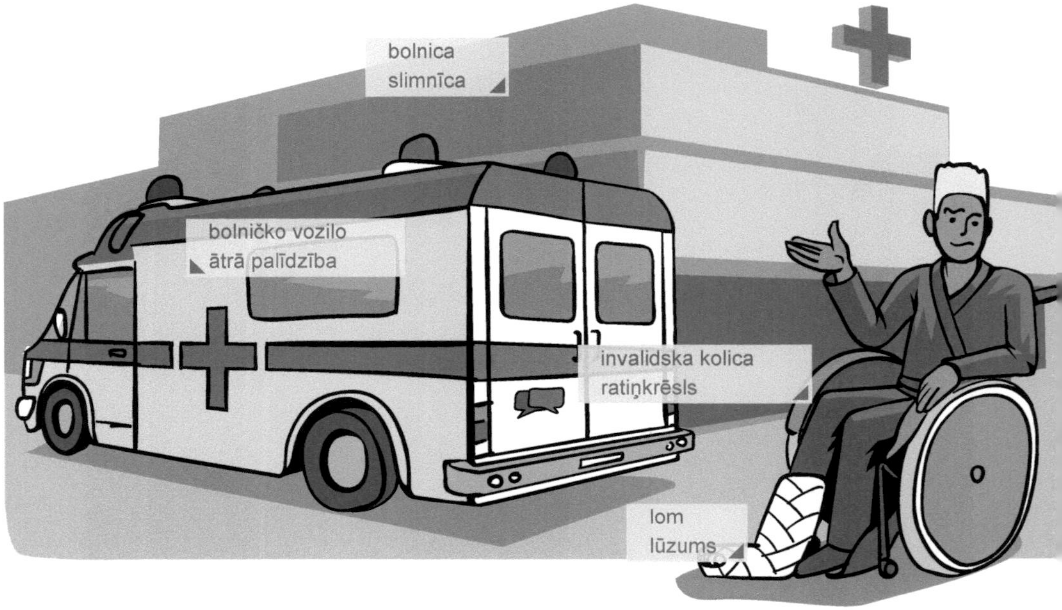

bolnica
slimnīca
bolničko vozilo
ātrā palīdzība
invalidska kolica
ratiņkrēsls
lom
lūzums

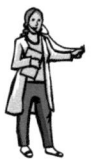

liječnik

ārsts

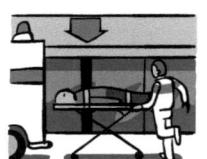

hitna medicinska služba

neatliekamās palīdzības nodaļa

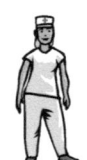

medicinska sestra

medmāsa

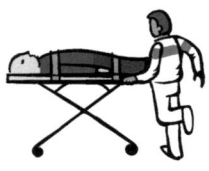

hitni slučaj

ārkārtas gadījums

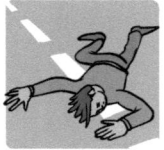

nesvijest

paģībis

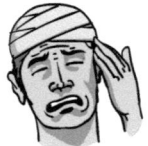

bol

sāpes

ozljeda

ievainojums

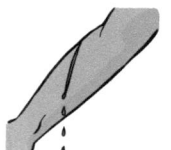

krvarenje

asiņošana

srćani infarkt

sirdslēkme

moždani udar

insults

alergija

alerģija

kašalj

klepus

groznica

temperatūra

gripa

gripa

proljev

caureja

glavobolja

galvassāpes

rak

vēzis

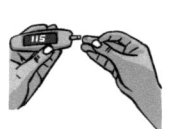

dijabetes

diabēts

kirurg

ķirurgs

skalpel

skalpelis

operacija

operācija

ct
datortomogrāfija

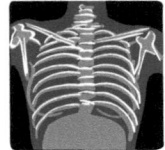

rentgen
rentgents

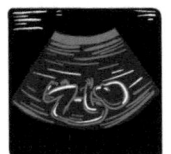

ultrazvuk
ultraskaņa

maska
sejas maska

bolest
slimība

čekaonica
uzgaidāmā telpa

štaka
kruķis

flaster
plāksteris

zavoj
apsējs

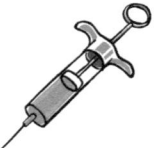

injekcija
injekcija

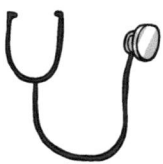

stetoskop
stetoskops

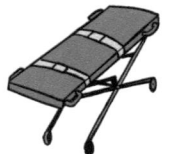

nosilo
nestuves

termometar
termometrs

rođenje
dzemdības

prekomjerna težina
liekais svars

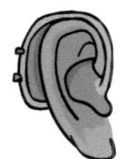

slušni aparat

dzirdes aparāts

sredstvo za dezinfekciju

dezinfekcijas līdzeklis

infekcija

infekcija

virus

vīruss

hiv / sida

HIV / AIDS

medicina

zāles

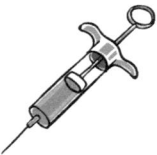

vakcinacija

pote

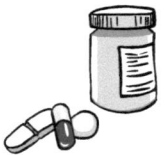

tablete

tabletes

pilula

pretapaugļošanās tablete

poziv u pomoć

ārkārtas izsaukums

uređaj za mjerenje tlaka

asinsspiediena mērītājs

bolesno / zdravo

slims / vesels

pomoć!

Palīgā!

alarm

trauksme

nasrtaj

uzbrukums

napad

uzbrukums

opasnost

bīstamība

izlaz za nuždu

avārijas izeja

požar!

Uguns!

vatrogasni aparat

ugunsdzēšamais aparāts

nezgoda

negadījums

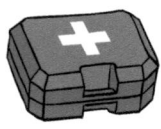

kofer prve pomoći

pirmās palīdzības aptieciņa

sos

SOS

policija

policija

Europa

Eiropa

sjeverna amerika

Ziemeļamerika

južna amerika

Dienvidamerika

Afrika

Āfrika

Azija

Āzija

Australija

Austrālija

Atlantik

Atlantijas okeāns

Pacifik

Klusais okeāns

ocean

Indijas okeāns

antarktički ocean

Dienvidu okeāns

arktički ocean

Ziemeļu ledus okeāns

sjeverni pol

Ziemeļpols

južni pol
Dienvidpols

Antarktik
Antarktika

zemlja
zeme

zemlja
zeme

more
jūra

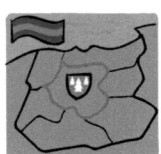

otok
sala

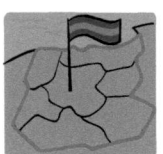

nacija
nācija

država
valsts

zemlja - zeme

brojčanik sata

ciparnīca

satna kazaljka

stundu rādītājs

minutna kazaljka

minūšu rādītājs

sekundna kazaljka

sekunžu rādītājs

Koliko je sati?

Cik ir pulkstenis?

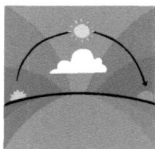

dan

diena

vrijeme

laiks

sada

tagad

digitalni sat

digitālais pulkstenis

minuta

minūte

sat

stunda

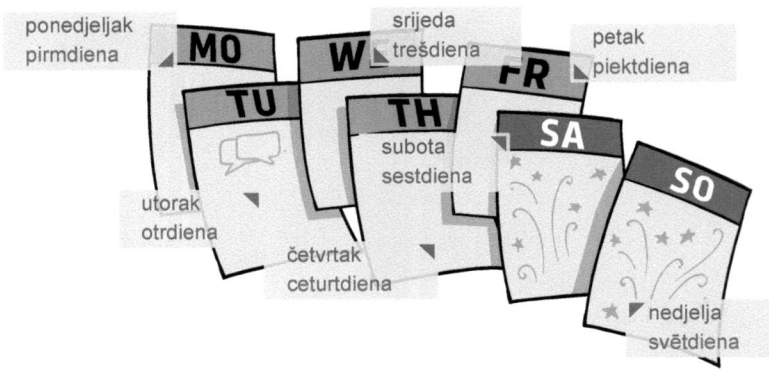

ponedjeljak
pirmdiena

utorak
otrdiena

srijeda
trešdiena

četvrtak
ceturtdiena

petak
piektdiena

subota
sestdiena

nedjelja
svētdiena

jučer
vakardien

danas
šodien

sutra
rītdien

jutro
rīts

podne
pusdienlaiks

večer
vakars

MO	TU	WE	TH	FR	SA	SU
1	2	3	4	5	6	7
8	9	10	11	12	13	14
15	16	17	18	19	20	21
22	23	24	25	26	27	28
29	30	31	1	2	3	4

radni dani
darbadienas

MO	TU	WE	TH	FR	SA	SU
1	2	3	4	5	6	7
8	9	10	11	12	13	14
15	16	17	18	19	20	21
22	23	24	25	26	27	28
29	30	31	1	2	3	4

vikend
brīvdienas

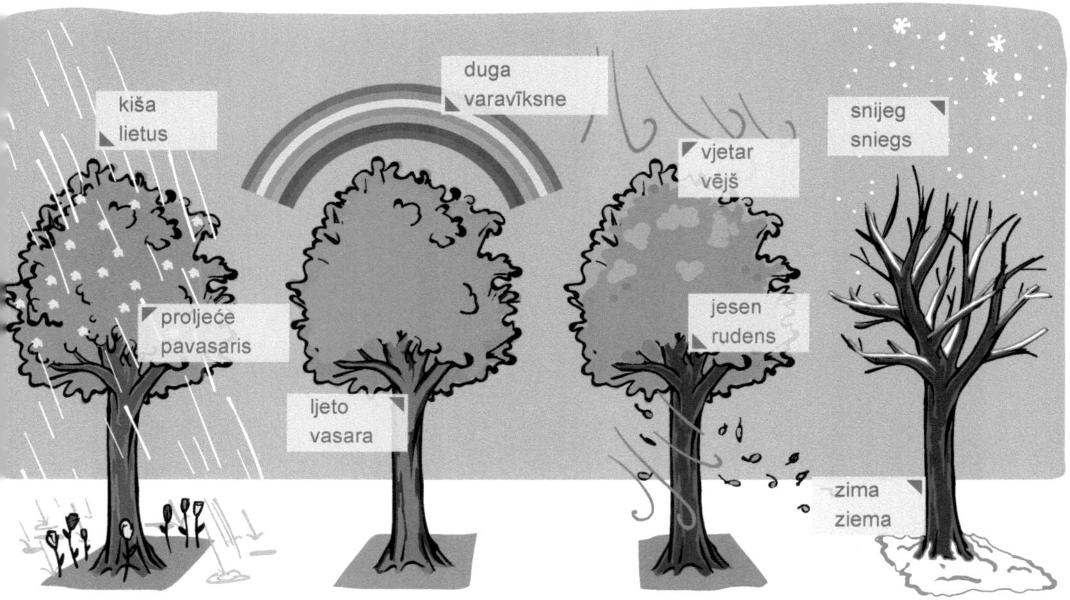

kiša
lietus

duga
varavīksne

vjetar
vējš

snijeg
sniegs

proljeće
pavasaris

jesen
rudens

ljeto
vasara

zima
ziema

meteorološka prognoza
laika prognoze

4.APRIL	11°	☀
5.APRIL	4°	☁
6.APRIL	13°	☁
7.APRIL	8°	❄
8.APRIL	10°	☀

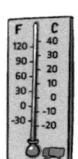

termometar
termometrs

sunčana svjetlost
saules gaisma

oblak
mākonis

magla
migla

vlažnost zraka
gaisa mitrums

munja
zibens

grmljavina
pērkons

oluja
vētra

tuča
krusa

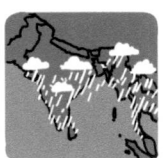

monsun
musons

poplava
plūdi

led
ledus

siječanj
janvāris

veljača
februāris

ožujak
marts

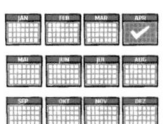

travanj
aprīlis

svibanj
maijs

lipanj
jūnijs

srpanj
jūlijs

kolovoz
augusts

rujan
....
septembris

listopad
....
oktobris

studeni
....
novembris

prosinac
....
decembris

oblici
formas

krug
....
aplis

kvadrat
....
kvadrāts

pravokutnik
....
četrstūris

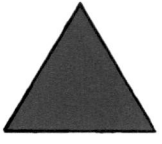

trokut
....
trīsstūris

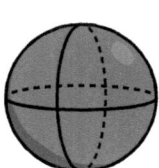

kugla
....
lode

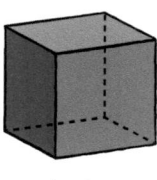

kocka
....
kubs

bijela
....
balts

žuta
....
dzeltens

narančasta
....
oranžs

ružičasta
....
sārts

crvena
....
sarkans

ljubičasta
....
lillā

plava
....
zils

zelena
....
zaļš

smeđa
....
brūns

siva
....
pelēks

crna
....
melns

mnogo / malo

daudz / maz

ljutito / mirno

saniknots / miermīlīgs

lijepo / ružno

skaists / neglīts

početak / kraj

sākums / beigas

veliko / maleno

liels / mazs

svijetlo / tamno

gaišs / tumšs

brat / sestra

brālis / māsa

čisto / prljavo

tīrs / netīrs

potpuno / nepotpuno

pilnīgs / nepilnīgs

dan / noć

diena / nakts

mrtvo / živo

miris / dzīvs

široko / usko

plats / šaurs

jestivo / nejestivo

baudāms / nebaudāms

zlo / dobro

nikns / laipns

uzbuđeno / dosadno

satraukts / garlaikots

debelo / mršavo

resns / tievs

na početku / na kraju

pirmais /pēdējais

prijatelj / neprijatelj

draugs / ienaidnieks

puno / prazno

pilns / tukšs

tvrdo / mekano

ciets / mīksts

teško / lagano

smags / viegls

glad / žeđ

izsalkums / slāpes

bolesno / zdravo

slims / vesels

ilegalno / legalno

nelegāls / legāls

pametno / glupo

inteliģents / dumjš

lijevo / desno

kreisais / labais

blizu / daleko

tuvu / tālu

novo / rabljeno

jauns / lietots

ništa / nešto

nekas / kaut kas

staro / mlado

vecs / jauns

uključeno / isključeno

ieslēgts / izslēgts

otvoreno / zatvoreno

atvērts / slēgts

tiho / glasno

kluss / skaļš

bogato / siromašno

bagāts / nabags

točno / pogrešno

pareizi / nepareizi

hrapavo / glatko

raupjš / gluds

tužno / sretno

noskumis / laimīgs

kratko / dugo

īss / garš

polako / brzo

lēns / ātrs

mokro / suho

slapjš / sauss

toplo / hladno

silts / vēss

rat / mir

karš / miers

0	**1**	**2**
nula	jedan	dva
nulle	viens	divi

3	**4**	**5**
tri	četiri	pet
trīs	četri	pieci

6	**7**	**8**
šest	sedam	osam
seši	septiņi	astoņi

9	**10**	**11**
devet	deset	jedanaest
deviņi	desmit	vienpadsmit

12

dvanaest

divpadsmit

13

trinaest

trīspadsmit

14

četrnaest

četrpadsmit

15

petnaest

piecpadsmit

16

šestnaest

sešpadsmit

17

sedamnaest

septiņpadsmit

18

osamnaest

astoņpadsmit

19

devetnaest

deviņpadsmit

20

dvadeset

divdesmit

100

stotinu

simts

1.000

tisuću

tūkstotis

1.000.000

milijun

miljons

engleski

anglu

američko engleski

amerikāņu anglu

kinesko mandarinski

ķīniešu mandarīnu valoda

hindi

hindi

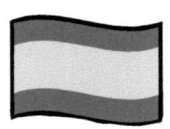

španjolski

spāņu

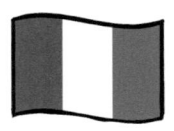

francuski

franču

arapski

arābu

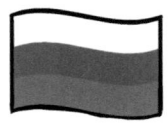

ruski

krievu

portugalski

portugāļu

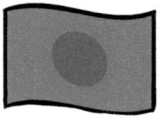

bengalski

bengāļu

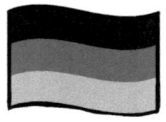

njemački

vācu

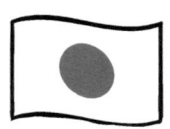

japanski

japāņu

ja
es

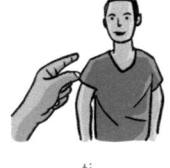

ti
tu

on / ona / ono
viņš / viņa

mi
mēs

vi
jūs

oni
viņi / viņas

tko?
kas?

što?
ko?

kako?
kā?

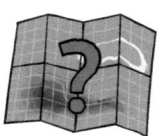

gdje?
kur?

kada?
kad?

ime
vārds

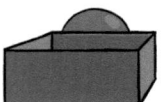

iza

aiz

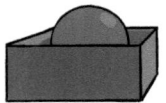

u

iekšā

ispred

priekšā

preko

virs

na

uz

ispod

zem

pored

blakus

između

starp

mjesto

vieta